Charles de Varigny

La Fin d'une race

L'Insurrection des Sioux

ISBN : 978-1981472710

10 9 8 7 6 5 4 3 2 1

Charles de Varigny

La Fin d'une race

L'Insurrection des Sioux

Table de Matières

Section I

Le 3 décembre 1890, le sénat des États-Unis était appelé à voter sur une proposition du sénateur Manderson : elle autorisait le ministre de la guerre à remettre à chacun des gouverneurs du nord et du sud Dakota et du Nébraska mille carabines et cinquante mille cartouches. Ces armes et ces munitions devaient être distribuées par eux aux colons de leurs États respectifs, menacés d'un soulèvement des Sioux.

Depuis deux mois on l'attendait et on le redoutait. Depuis deux mois les agents commis à la surveillance des Indiens adressaient à Washington des dépêches alarmantes. Les troupes se massaient autour des réserves, les colons effrayés abandonnaient leurs fermes, et ceux qui restaient demandaient des armes. Pressé d'agir, le sénat ne discutait pas ; la mesure s'imposait. Dans le silence général une voix s'éleva, celle du sénateur de l'Indiana, M. Voorhees : « Je ne viens pas, dit-il, m'opposer au vote de la résolution que l'on vous soumet. Les fautes commises l'ont rendue nécessaire ; mais, avant le vote, je tiens à dire ce que je pense de la politique du gouvernement vis-à-vis des Indiens. Elle est, à mes yeux, une honte pour l'humanité, un crime devant Dieu. » Sur l'auditoire attentif sa voix vibrante fit passer un frisson. « Si l'on requérait, ajouta-t-il, l'ouverture d'un crédit pour distribuer des rations aux Sioux affamés, on ferait œuvre plus utile et plus chrétienne. Quand un major-général de notre armée déclare lui-même que la faim seule menace de déchaîner sur nous les horreurs d'une guerre indienne, j'estime que le gouvernement est criminel de ne rien trouver d'autre à nous demander que des armes pour achever l'œuvre de la faim. Que faites-vous donc ici, vous qui représentez ce gouvernement, vous qui savez que depuis deux ans les Sioux ne reçoivent ni les rations promises, ni les indemnités stipulées en échange de leurs terres ? Vous venez nous apporter des lois électorales destinées à vous maintenir au pouvoir ; vous nous demandez des armes pour les colons dont votre politique inhumaine compromet la sécurité, et ces armes, nous ne pouvons vous les refuser sans exposer les colons à un massacre, mais vous ne nous demandez pas ce que vous devez, ce que les traités et l'humanité exigent. A vous incombe la responsabilité du sang qui va couler [1]. »

Les situations fausses rendent les hommes timides. Devant cette virulente apostrophe de l'un des représentants du parti démocrate, le sénateur Hawley, président du comité des affaires militaires, hésita ; nier les faits était impossible. Le général Miles avait, en effet, déclaré que les Sioux prenaient les armes, acculés à l'insurrection par la misère, la faim et le froid, et la compétence du général ne pouvait être mise en question. Le représentant du parti au pouvoir se borna donc à prier le sénateur Dawes, président du comité des affaires indiennes, de répondre au sénateur de l'Indiana, et M. Dawes lut un long rapport officiel. Le lendemain, le secrétaire de l'intérieur demandait à la chambre des représentants l'ouverture d'un crédit de 500,000 francs pour l'achat de rations destinées aux Sioux.

L'éternelle question des Indiens surgissait à nouveau. II n'y avait guère plus d'un an qu'elle avait passionné les États-Unis et étonné l'Europe. Le 22 avril 1889, à midi, le *Springer Bill* ouvrait aux *settlers* américains l'Oklohama, « la belle terre, » territoire indien autour duquel 50,000 colons bivouaquaient depuis des semaines, attendant avec impatience le moment de se ruer sur la proie promise à leur avidité. A l'heure dite, emportés par un mouvement irrésistible, s'écrasant entre les lignes de troupes trop lentes à se replier, ils envahissaient la *réserve*, couvrant le sol de tentes, dressant en hâte les maisons de bois qu'ils traînaient après eux, édifiant une ville là où la veille était le désert. M. A. de Chanclos a raconté ici même ce curieux épisode de la colonisation américaine [2].

Depuis près d'un demi-siècle, pas une année ne s'était écoulée sans amener avec les Indiens quelque complication nouvelle. Ces premiers occupants du sol, dépossédés par la civilisation envahissante, refoulés toujours plus avant dans l'ouest, acculés aux montagnes Rocheuses que l'Américain franchissait, débordant sur le versant du Pacifique, refusaient de quitter leur terre natale, protestaient et se soulevaient.

Ils avaient le droit pour eux ; ils avaient contre eux le nombre, la force et la supériorité intellectuelle. D'où venaient-ils ? d'Asie, très vraisemblablement. Le détroit de Behring n'est guère plus large que la Manche ; il gèle une partie de l'année, et les Tchoukas, l'été dans leurs canots, l'hiver avec leurs traîneaux, le franchissent en peu d'heures, passant d'Asie en Amérique, trafiquant avec l'un et l'autre continent. Ce point de départ de la race ne fut longtemps qu'une hypothèse, mais les découvertes récentes la confirment, et elle rend compte de la prédominance du type asiatique ou mongol chez les Indiens.

Quel était leur nombre quand l'Européen débarqua en Amérique ? Sur ce point l'imagination s'est donné libre carrière. Le général Custer a parlé de dizaines de millions, mais le sol des États-Unis n'eût pu les nourrir. Schoolcraft, posant en principe que 8,000 acres de terres incultes étaient nécessaires pour un nomade vivant de la chasse, a conclu que leur nombre ne pouvait excéder 250,000, mais outre qu'alors, et il y a trente ans à peine, les bisons erraient en troupeaux immenses dans les plaines de l'ouest, où le général Sheridan voyait la marche de son armée retardée par une bande de plus de 100,000 de ces animaux, la découverte, en 1852, par le lieutenant J.-H. Simpson, des *pueblos* du Nouveau-Mexique, ainsi que les recherches sur les anciens *Mount Builders*, ont mis hors de doute que les Indiens ne vivaient pas exclusivement de la chasse et de la pêche, mais aussi qu'ils cultivaient le sol, bien que d'une façon grossière. On a donc pu estimer qu'à l'époque où les colons européens prirent contact avec les Indiens, le nombre de ces derniers pouvait s'élever à près d'un million, réparti sur les 9,212,273 kilomètres carrés qui représentent la superficie actuelle des États-Unis. Du dernier recensement il résulte qu'ils sont au nombre de 246,000, noyés dans une population de race blanche de plus de 50 millions. Il y a un demi-siècle, les statistiques du général Cass accusaient un total de 458,000 ; en cinquante années ils auraient donc décru de moitié. Non par le fait d'une dépopulation systématique, non par le fait du mauvais vouloir d'un gouvernement désireux d'en finir avec des complications sans cesse renaissantes, mais par le contact avec une civilisation involontairement meurtrière des autochtones nomades, par le simple jeu des rouages administratifs, militaires et sociaux d'une race en pleine expansion. A aucune époque de son histoire, le gouvernement américain, en tant que gouvernement, ne s'est montré dur et inhumain pour l'Indien. Il a obéi, et il obéit encore, à d'inéluctables fatalités ; il a voulu et il veut protéger la race inférieure et faible, mais il ne peut ni ralentir, ni moins encore enrayer le mouvement de colonisation et de mise en valeur du sol. On n'arrête pas brusquement une locomotive lancée à toute vapeur ; elle broie le caillou trop friable pour la faire dérailler, elle écrase, dans sa course rapide, celui qui ne l'entend ni la voit ; elle n'est ni sympathique ni cruelle, elle est une force et brise ce qui lui fait obstacle.

A chaque pas qu'il faisait en avant, l'Américain se heurtait à l'Indien. Il le retrouvait dans les plaines du Texas et dans celles de l'Indiana, dans l'Ohio, l'Illinois et la région des Grands-Lacs ; il le retrouvait en deçà et au-delà des montagnes Rocheuses. Sur les terrains de chasse de l'Indiana, le *settler* élevait sa *log cabin* que remplaçait bientôt une maison solide ; dans le champ qu'il défrichait, le soc de sa charrue ramenait à la surface les ossements des ancêtres de la tribu et, témoin impuissant de l'involontaire profanation, l'Indien s'armait, tuait et brûlait, traqué à son tour comme une bête fauve par le *settler* menacé ou ruiné. Tous deux luttaient pour l'existence, l'un avec le désespoir de l'opprimé, l'autre avec la conscience de son rôle de soldat du progrès, chacun avec ses armes, et elles n'étaient pas égales.

A cela, quel remède ? A quelle mesure s'arrêter pour concilier d'inconciliables intérêts, pour laisser libre carrière à la colonisation agissante et envahissante, pour protéger l'Indien contre ses violences ? On crut l'avoir trouvé dans la création des Réserves indiennes, de vastes territoires surveillés, dans lesquels l'Indien parqué vivrait à l'abri.

Mais, dès le début, on se heurtait à une insurmontable difficulté que la force seule pouvait trancher. L'Indien tenait, par toutes les fibres de son être, à sa terre natale, au sol où dormaient ses pères. Comment le décider à l'échanger contre un autre ? Puis, l'Indien était libre, libre d'aller et de venir à sa guise ; la loi lui reconnaissait des droits, les traités primitifs lui en garantissaient le respect. S'il n'était pas citoyen américain, s'il était, de par ces lois et ces traités, *pupille* des États-Unis, le gouvernement s'était engagé à le protéger ; il avait, vis-à-vis de l'Indien, les devoirs d'un tuteur, non les droits d'un maître, et les précédents judiciaires, dont le plus important était la décision de la cour suprême dans le procès des Cherokees contre l'état de Géorgie, limitaient expressément les pouvoirs de l'exécutif dans ses rapports avec les Indiens [3]. Ceux-ci le savaient : « Je suis allé à Washington, disait le chef de la tribu des Nez-Percés, et j'ai demandé aux chefs blancs de quel droit ils disaient qu'un Indien devait résider ici plutôt que là, alors que l'homme blanc allait où il voulait, et les chefs blancs n'ont su que me répondre. »

il n'y avait rien à répondre, en effet. Le droit et les traités étaient du côté des Indiens. Pour les parquer dans les Réserves, pour les contraindre à n'en pas sortir, il fallait, ou violer la légalité, ou les amener par la persuasion et les promesses, par les privations ou les menaces, à se soumettre. Que valait un consentement ainsi obtenu et dont les Indiens étaient libres d'appeler devant la cour suprême, gardienne de la constitution et des traités ?

Ces Réserves enfin, dans lesquelles on les parquait, qu'étaient-elles sinon des îlots autour desquels venait battre le flot montant de l'émigration vers l'ouest ? Cette émigration avançait chaque année, et ces Réserves étaient autant d'obstacles qu'il lui fallait tourner, d'immenses territoires que le colon convoitait, s'irritant de les voir incultes, alors qu'il lui fallait pousser plus loin, à la recherche de terres moins fertiles. Sur ce sol en friche, impuissant à nourrir quelques milliers de nomades, des millions de blancs eussent vécu, prospéré, édifié de grandes villes, semé des villages et des fermes, tracé des routes, jeté des ponts, construit des chemins de fer et, pour passer, il fallait remonter au nord ou descendre au sud, laisser incultes des provinces, respecter des campements de sauvages en pleine civilisation, perpétuer entre les *settlements* ces barrières au progrès, aux communications faciles et promptes. Puis, une heure venait où la nécessité faisait loi ; la Réserve était condamnée à disparaître ; il fallait la reporter plus loin, déplacer la misérable tribu indienne, ses maigres troupeaux, ses wigwams et sa population affamée.

Les bisons se faisaient rares ; ils fuyaient, eux aussi, devant le colon, décimés par les Indiens et par les blancs. Ils franchissaient les montagnes Rocheuses où ils périssaient en grand nombre ; les survivants descendaient dans les plaines du Pacifique.

Pourquoi ne s'arrêterait-on pas à cette barrière naturelle des montagnes Rocheuses qui laissait aux États-Unis la plus grande moitié du continent ? Pourquoi n'abandonnerait-on pas l'autre versant à l'Indien ? Là, du moins, il vivrait à sa guise et cesserait d'être un obstacle au progrès. S'il était inique de l'exiler par-delà ces monts, ce ne l'était pas plus que de le dépouiller de son sol et de ses droits, que de le condamner à vivre dans l'enceinte des Réserves. On pouvait, par des subsides réguliers, atténuer la rigueur de cette mesure, et, en échange de l'exil qu'on lui imposerait, assurer sa subsistance, lui fournir le bétail, les couvertures et les rations qu'on lui distribuait déjà.

Mais les *settlers*, avides de terres nouvelles, impatients de pousser par-delà les montagnes Rocheuses, n'y voulaient entendre. Le gouvernement hésitait, ses hommes d'état tenaient alors pour dangereuse une extension du territoire encore peu peuplé de l'Union. Jefferson s'y était opposé ; l'impétueux Jefferson lui-même l'avait déconseillée et Benton, inspiré par lui, écrivait en 1825 : « Les montagnes Rocheuses sont notre frontière naturelle ; sur leur plus haute cime doit s'élever l'antique et immuable statue du Dieu terminus. » En 1844, M. Winthrop, du Massachusetts, soutenait la même opinion, et Me Duflie, sénateur de Géorgie, disait au sénat : « Je remercie Dieu d'avoir élevé la muraille des montagnes Rocheuses. Si, là où elle se trouve, il n'existait qu'un talus de cinq pieds de hauteur et qu'il n'en coûtât que cinq dollars pour le niveler, je refuserais les cinq dollars [4]. » Webster lui-même, en 1847, dans un discours à Springfield, parlant du traité qui donnait aux États-Unis le Texas, la Californie, l'Arizona, le Nevada, l'Utah, le Kansas et le Nouveau-Mexique, disait : « Le Mexique se tient pour lésé, mais c'est nous qui le sommes. Qu'avions-nous besoin de ces provinces ? »

Ni le pouvoir exécutif, ni le congrès n'étaient favorables à la politique annexionniste, dans laquelle ils voyaient un éparpillement des forces vives du pays ; mais ni l'un ni l'autre ne pouvaient arrêter l'irrésistible élan. Ils hésitaient encore devant la barrière des montagnes Rocheuses, ils rêvaient, sur l'autre versant, une république sœur, indépendante et alliée, à demi indienne, et cela au moment même où éclatait la nouvelle de la découverte de l'or en Californie et où l'immense exode de l'est à l'ouest emportait les dernières irrésolutions. « Soit, donc, s'écriait Stephen Douglas, le sort en est jeté. La république aura les deux océans pour frontières ; il est désormais inutile d'en tracer d'autres sur les cartes. » Non-seulement la question indienne restait sans solution, mais elle se compliquait par l'afflux de l'immigration étrangère et par l'addition de 145,000 Indiens disséminés dans les états du Pacifique.

Ici, plus encore qu'ailleurs, ils gênaient, et, moins qu'ailleurs, les considérations de justice et d'humanité devaient prévaloir. Les aventuriers du monde entier envahissaient la terre de l'or livrée à l'anarchie. L'Indien ne pouvant être un instrument, un esclave, restait un obstacle ; on le supprima. Nulle part le mot cruel : *good Indian, dead Indian* (bon Indien, l'Indien mort), ne trouva autant d'écho, et, lorsque dix ans plus tard, on créa les réserves de Téjon, de Fresno, de Mendocino, de Nome-Cut, tout au plus recueillit-on 2,000 Indiens échappés aux balles des émigrants, et encore 150 Indiens parqués à Nome-Cut, ayant chassé de leur réserve le bétail des *settlers*, qui dévastait leurs champs de maïs, furent tués jusqu'au dernier par les *settlers* qui convoitaient leurs terres. A Mattole, on les tuait pour la même raison, et 60 d'entre eux qui refusaient de se laisser interner dans la réserve Mendocino étaient massacrés par la milice de l'État chargée de les y conduire [5].

Antérieurement à la conquête américaine et à la découverte de l'or, les Indiens, groupés autour des missions mexicaines, vivaient en paix dans un état de demi-servage. Les jésuites d'abord, les franciscains ensuite, les employaient aux travaux des champs, à la construction des églises, allouant à chacun d'eux non un salaire dont ils n'auraient su que faire, mais des vivres, des vêtements et le terrain nécessaire à leur bétail. De ces nomades misérables ils avaient fait des convertis sédentaires, résignés à leur sort, à tout prendre tolérable. Mais les terrains qu'ils occupaient avaient été, après la conquête, déclarés terres de l'État. Apathiques et indifférents, les Indiens continuaient à y vivre, se considérant comme tenus de rendre aux fermiers, nouveaux propriétaires du sol, les mêmes services qu'ils rendaient aux missionnaires. Attachés à la glèbe, ils passaient, avec elle, en d'autres mains, mais se considéraient comme légitimes propriétaires de leurs enclos particuliers. Ils l'étaient, en effet, et par droit de préemption et par prescription ; ils l'étaient d'autant plus que les missionnaires n'avaient jamais été que gérants des terres indiennes qu'ils administraient au mieux des intérêts de tous, et qu'en 1834 un décret du gouvernement mexicain avait reconnu et confirmé aux Indiens leurs droits de propriété particulière et aussi de propriété collective et indivise des présidios. Ils n'en furent pas moins dépossédés, chassés dans les montagnes, et ce ne fut qu'en 1883, sur l'initiative d'une femme de grand cœur, Mrs Hunt-Jackson, que justice fut enfin rendue aux rares survivants [6].

A l'ouest comme à l'est des montagnes Rocheuses, les mêmes causes produisaient les mêmes effets. L'antagonisme des deux races s'accentuait, et l'inévitable résultat rendait l'Indien plus désespéré, le blanc plus impatient d'en finir. Les torts n'étaient pas tous du côté de celui-ci, ni l'agression toujours de son fait. Bien des colons innocents payèrent de leur vie des actes d'iniquité qu'ils blâmaient ; d'odieuses tortures infligées par les Indiens à des femmes et à des enfants exaspéraient contre eux l'opinion publique. Ils frappaient en aveugles et l'atrocité de leurs vengeances faisait oublier l'intensité de leurs souffrances. Vainement le gouvernement s'interposait ; il était souvent trop tard. Les événements paralysaient ses efforts, et son intervention pour prévenir un conflit aboutissait presque toujours à une expédition militaire pour réprimer une insurrection.

Puis, la détestable coutume de considérer les emplois publics comme le butin du parti politique au pouvoir fait, des fonctions d'agents des réserves indiennes, la récompense de politiciens influents. Ces fonctions sont lucratives ; on s'y enrichit rapidement au détriment de l'Indien lésé et du gouvernement trompé. La fraude s'y pratique sur une colossale échelle ; pas un rapport annuel au congrès qui ne la signale. En 1873, le comité d'enquête conclut en suppliant le gouvernement de prendre d'énergiques mesures « pour débarrasser le service indien des bandits qui l'exploitent, volant à la fois le trésor public et l'Indien [7]. » En 1874, le rapport constate que « l'agent des Cheyennes reçoit des rations, de l'argent, des couvertures et des vêtements pour 3,905 Indiens, alors qu'en réalité la réserve n'en contient que 2,077 ; il s'approprie le surplus, soit, par jour, la subsistance et l'entretien de 1,828 Indiens. Celui des Arapahoes déclare 2,366 Indiens sur la réserve ; il n'en a que 1,304 ; en moins d'un an il s'est enrichi. S.-C. Haynes écrit : « Les Indiens meurent de faim, car les agents ne se contentent pas de demander à l'Etat plus de rations et d'argent qu'ils n'ont d'hommes ; ils gardent l'argent et suppriment les rations de ceux qu'ils ont. Pendant deux mois, les Piégans ont vécu d'écorces d'arbre, et pendant ces deux mois 200 ont succombé aux privations [8]. »

Car, plus encore que les violences des blancs, que l'iniquité des lois qui dépossédaient de leurs terres les légitimes propriétaires du sol, l'établissement des réserves a porté à son comble l'exaspération des Indiens. Le nomade dépouillé y voyait un attentat à sa liberté, son dernier bien. Il ne comprenait ni le souci du gouvernement de l'isoler du colon, ni son désir de l'amener à la vie sédentaire et agricole, de le gagner à la civilisation. Parqué dans la réserve, exploité, affamé par des agents sans entrailles, il se tenait pour condamné à une mort lente et préférait mourir en se vengeant. De toutes les mesures prises par le gouvernement américain, aucune n'a été plus funeste que celle-ci, inspirée cependant par un sentiment d'humanité. A l'origine de tous les soulèvements, on retrouve la réserve, et l'acharnement que les Indiens apportèrent dans leurs luttes inégales prouve l'intensité de leurs haines. S'ils ne furent ni assez forts, ni assez nombreux pour mettre la république en péril, ils furent assez vaillants pour infliger parfois à ses troupes des pertes sensibles.

Sans grand retentissement au dehors, ces guerres indiennes n'en furent pas moins sanglantes. Guerres d'embûches et de surprises, sans quartier ni merci, elles abondent en faits héroïques. Un épisode, entre beaucoup d'autres, mettra en relief la tactique des Peaux-Rouges et les périls que devaient affronter leurs adversaires.

C'était en 1879. Les Indiens-Utes étaient cantonnés dans une réserve, située sur le Haut-Missouri, à grande distance de tout centre de civilisation, complètement en dehors et au nord de la ligne qui reliait les états de l'Atlantique à ceux du Pacifique. De nombreux symptômes de mécontentement s'étaient manifestés parmi eux, et, au mois de septembre, l'agent de la réserve expédia une dépêche au poste militaire le plus rapproché pour demander des renforts, sans lesquels il estimait, disait-il, que sa vie et celle de ses subordonnés étaient en danger sérieux. Il ne se trompait pas. Deux jours plus tard, les Indiens l'assassinaient, lui et les siens. La dépêche arrivait en ce moment même à destination, et le major Thornburgh recevait ordre de partir immédiatement à la tête de trois compagnies de cavalerie. Les Indiens l'attendaient au défilé de la Rivière-Blanche, à 25 milles en avant du fort de la Réserve. Suivant leur tactique invariable, ils laissèrent les troupes s'engager dans le défilé surplombé des deux côtés par des rochers derrière lesquels ils étaient tapis.

Tout à coup, et sans que rien eût annoncé la présence de l'ennemi, une décharge de mousqueterie éclata sur la tête du convoi, tuant les mules et les bœufs et fermant complètement l'étroit passage. Les premières charrettes, ne pouvant plus avancer, barraient la route à celles qui suivaient. En même temps, un corps d'Indiens se glissait entre l'arrière-garde et le convoi, abattant à coups de fusil les attelages des derniers wagons et empêchant ainsi une volte-face. Le convoi tout entier, composé de trente-cinq grandes charrettes d'ordonnance, portant les vivres, effets de campement et munitions de la colonne, se trouvait enfermé dans le défilé. Du haut des rochers, les Indiens fusillaient les attelages effarés et leurs conducteurs sans défense.

Coupé de ses communications avec son arrière-garde, le major Thornburgh rallia une partie de ses hommes, chargea les Indiens et réussit à faire une trouée ; mais quand, à la tête de son arrière-garde, il revenait sur ses pas, une balle l'atteignit en pleine poitrine et le renversa au milieu du défilé. Sous les ordres du lieutenant Price, la colonne parvint à rallier le convoi ; mais, enfermée dans cet étroit espace, exposée, sans pouvoir y riposter, à un feu plongeant, elle perdit en quelques minutes 45 hommes de son effectif et la plupart de ses chevaux. A l'entrée, comme à la sortie du défilé, se dressait une barricade de wagons démontés qui fermait toute issue. Resserrés dans ce passage où ils pouvaient à peine se mouvoir, encombrés de compagnons morts ou mourants, d'animaux agonisants, mitraillés par des ennemis invisibles, les soldats perdirent un moment tout espoir.

A la voix du lieutenant Price, la discipline et le sentiment du devoir se réveillèrent. Sur son ordre, les survivants se glissèrent sous les charrettes, les défoncèrent, en sortirent des pioches et des munitions et se mirent à creuser des trous dans lesquels ils s'abritèrent, ainsi que les barils de poudre, dont l'explosion pouvait achever le désastre. Manœuvrées par en dessous, les charrettes formaient une sorte de dôme qui les garantissait contre la mousqueterie des Indiens. Ils avaient des vivres et de la poudre, mais ce qui rendait leur situation intolérable, c'était le manque d'eau d'une part, et de l'autre, les cadavres d'hommes et d'animaux, les plaintes des mourants, les gémissements des blessés. La situation n'était pas tenable longtemps. Un homme de cœur s'offrit pour tenter une aventure désespérée. J.-P. Rankin, l'un des éclaireurs de la colonne, parvint, en se glissant sous les wagons, jusqu'au lieutenant Price et lui demanda de l'autoriser à aller chercher des secours.

Le poste militaire se trouvait à cent milles de distance. Rankin proposait d'attendre la nuit et de gagner l'entrée du défilé. S'il parvenait à éviter les balles des Indiens, il se faisait fort, une fois en rase campagne, de leur dérober un de leurs chevaux et de porter un message du lieutenant Price. Lui-même guiderait les renforts. Son offre fut acceptée ; Price écrivit au crayon, sur son carnet, les lignes suivantes :

« *Au capitaine Bisbee, commandant le fort Steele.*

« 29 novembre 1879.

« L'existence des survivants de la colonne du major Thornburgh dépend de la hâte avec laquelle vous expédierez des secours.

« PRICE. »

Rankin partit à minuit. A travers des périls sans nombre, il parvint à atteindre l'entrée du défilé, à capturer un cheval et à gagner la plaine. En route, il rencontra une compagnie nègre du capitaine Dodge, qu'il expédia en toute hâte au lieutenant Price. On lui procura un second cheval qui, en arrivant au fort Steele, tombait pour ne plus se relever. Le même jour il remontait en selle, guidant une colonne de six compagnies, commandée par le général Merritt. Arriverait-on à temps ? Le capitaine Dodge disposait d'un faible effectif. Avait-il réussi à rejoindre les assiégés et au prix de quels sacrifices ? Laissons la parole à l'un des soldats du lieutenant Price.

« Nous étions à bout de forces. Depuis trois jours, captifs dans ce maudit défilé, nous ne savions pas si notre messager avait pu gagner le large. Le matin du quatrième jour, à l'aube, nous entendons du bruit. Nous craignions une charge des Indiens pour nous achever et nous crûmes que c'étaient eux qui s'abattaient sur nous. Nous allions faire une dernière décharge, quand une voix cria en anglais : « Ne tirez pas ! » Celui-là l'a échappé belle, et vous pouvez me croire quand je vous dirai que nous étions fous de joie en reconnaissant notre uniforme porté par une cinquantaine de nègres. Comment, en entendant nos cris, en nous voyant sortir de nos trous, les Indiens n'ont-ils pas tiré ? Je n'y comprends rien encore. Nous avions perdu la tête et nous nous exposions à une mort imminente. Croiriez-vous que nous avons embrassé les *brunettes*, — sobriquet donné aux troupes nègres, — que nous les avons emmenés dans nos trous, que nous avons mangé, dormi avec eux. Nous manquions d'eau ; on ne pouvait s'en procurer que la nuit, en allant la chercher à un ruisseau qui traversait le défilé et en s'exposant dix fois à être tué. Eh bien, le lendemain de l'arrivée des nègres, j'avais la fièvre, ayant été blessé au bras ; la soif m'avait tenu éveillé toute la nuit et me faisait délirer. Savez-vous ce que fit mon compagnon nègre ? Il prit deux seaux et, en plein jour, s'en fut les remplir : il faut bien que quelqu'un y aille, disait-il. On lui tirait dessus ; il esquivait les balles, grognant de ce que les Indiens lui faisaient perdre une partie de son eau. »

Si le renfort amené par le capitaine Dodge ne permettait pas au lieutenant Price de tenter une sortie et de dégager ses hommes, il raffermissait le moral des assiégés. On savait que Rankin avait réussi et qu'un secours était proche. Le surlendemain, en effet, la fusillade éclatait à l'entrée du défilé. Le général Merritt et ses troupes prenaient les Indiens à revers, les débusquaient des hauteurs et pénétraient enfin dans ce cloaque empesté par l'odeur des cadavres et jonché de victimes. « Je vois encore, écrit un témoin oculaire, le général Merritt, pâle de fatigue et d'anxiété, vêtu d'un grand ulster gris, s'avançant vers nous et se découvrant. Il y avait des larmes sur ses joues bronzées et, en s'approchant de Price, il lui tendit les bras. Price l'embrassa, cela nous parut tout naturel et, jusque-là silencieux, nous poussâmes un hourra formidable, qui retentit comme une décharge d'artillerie dans cet infernal défilé dont le souvenir me hante encore [9]. »

Section II

De toutes les peuplades indiennes des États-Unis, celle des Sioux était la plus nombreuse ; elle est aussi la plus belliqueuse. Son véritable nom est *Dakota*, celui de Sioux n'étant qu'une abréviation de *Nadovessioux*, terme de mépris par lequel les désignaient les Algonquins. Il y a soixante-dix ans, après un siècle de luttes incessantes, soutenues contre ces derniers et aussi contre les Hurons et les Chippeways, la peuplade des Sioux était réduite à 13,000 âmes ; depuis, et malgré ses conflits avec les colons, ses combats avec les troupes régulières, elle s'était relevée au chiffre de 50,000, attestant ainsi sa vitalité puissante. C'est en vain que la France et l'Angleterre au XVIIIe siècle, les États-Unis au XIXe, ont tenté de soumettre les Sioux ; ils se sont toujours montrés réfractaires au joug, très attachés à leur domaine, dont ils n'ont été dépossédés que peu à peu, en vertu de traités rarement observés, d'engagements plus rarement tenus.

Ce domaine était immense ; sa superficie, au temps où les Sioux formaient une grande peuplade, dépassait celle de la France, de l'Angleterre et de l'Allemagne réunies. Quand, il y a deux siècles, les premiers missionnaires français, venus du Canada, pénétrèrent sur le territoire des Sioux, il comprenait alors ce qui est aujourd'hui le Minnesota, le nord et le sud Dakota, presque tout le Wisconsin, une grande partie de l'Iowa et du Nébraska [10]. La peuplade se composait de seize tribus ; il n'en subsiste plus que sept dont les plus importantes sont : les Brûlés, les Black-feet ou Pieds-Noirs, les Sans-Arcs, les Solitaires. Au sud, les Sioux se heurtaient aux Chippeways, leurs ennemis héréditaires, mais dans l'ouest ils pouvaient s'étendre et ils atteignaient le Haut-Missouri. Leur premier traité avec les États-Unis date de 1837 ; il cédait à la République les terres à l'est du Mississipi. En 1851, par un nouveau traité, les Sioux consentaient à reporter leur frontière en arrière du Minnesota.

Jusque-là leurs rapports avec le gouvernement américain avaient été pacifiques et cordiaux. Ils cessèrent de l'être par le fait de la non-exécution des clauses du traité de 1851 par les agents américains. En 1854, les Sioux, irrités, surprirent et massacrèrent un détachement de troupes des États-Unis ; le général Harney en tira vengeance, et une nouvelle convention fut signée. Elle subsista jusqu'en 1862, où éclata un nouveau soulèvement, occasionné, cette fois, par les empiétements des colons sur leurs terres. Les Sioux réclamèrent ; une enquête ordonnée n'aboutit pas. Ils prirent alors les armes, ravageant et pillant les fermes des *settlers*, dont plus d'un millier furent massacrés, les femmes et les enfants faits prisonniers. De nouveau, le général Harney fut envoyé contre eux. Une répression sanglante s'ensuivit ; après la défaite, les exécutions sommaires. Les Sioux, vaincus, se dispersèrent : les uns émigrèrent au Canada, les autres se réfugièrent dans les Black-Hills, leur terre sacrée, alors déserte ; le plus grand nombre fut interné dans les réserves.

Les limites en furent définitivement fixées par le traité de 1868, aux termes duquel le gouvernement des Etats-Unis concédait aux Sioux, à titre de réserve, toute la partie du Dakota à l'ouest du Missouri et au sud du 46e degré de latitude. L'article 16 de ce traité était ainsi conçu : « Les États-Unis s'engagent, par les présentes, à considérer et à respecter, comme territoire indien, la terre située au nord de la rivière North-Platte et à l'est du Big-Horn ; ils s'engagent à ne permettre l'accès dudit territoire à aucun blanc sans l'assentiment des Indiens, à n'autoriser aucun blanc à s'y établir ou à le traverser. » Mais, en négociant ce traité, le gouvernement américain n'avait prévu ni l'afflux de l'émigration dans le Dakota, ni la découverte de mines d'or dans la région des Black-Hills, ni les conséquences de l'achèvement du chemin de fer du Pacifique. Les villages et les villes ne tardèrent pas à surgir autour du territoire indien : Rapid-City, où se concentraient les banques et les magasins d'approvisionnements des mineurs envahissant les Black-Hills ; Pierre-City, plus importante encore ; Mandan, centre industriel ; Bismarck-City, capitale du Nord-Dakota. Les fermes se multipliaient ; les colons demandaient des terres et une voie de communication avec le Wyoming. Les Indiens tenaient les terres, et la voie de communication devait emprunter leur territoire. Enfin, la région des Black-Hills, sur laquelle débordaient les chercheurs d'or, était, aux yeux des Sioux, terre sainte. Ils n'entendaient pas la céder, et, au gouvernement qui offrait de la leur acheter au prix de 30 millions, payables en quinze annuités, ils répondaient par un refus dédaigneux. Invités à faire des propositions, ils demandèrent 250 millions, sachant bien qu'on ne les leur donnerait jamais.

Ils ne les obtinrent pas, et, dans leur rapport à Washington, les négociateurs américains déclarèrent n'avoir pu faire entendre raison aux Sioux. Ils terminaient par ces mots significatifs : « Nous avons tout lieu de croire que les Sioux n'apprécieront la magnanimité du gouvernement que le jour où ils sentiront sa force, » et ils concluaient en invitant le pouvoir exécutif « à maintenir son offre et à contraindre les Indiens à l'accepter [11]. »

L'âme de la résistance était l'un des chefs sioux, *Sitting-Bull*, le « Taureau-Assis, » celui-là même qui a donné le signal de la récente prise d'armes. Il passait pour l'un des plus vaillants de sa tribu. Né en 1837, il s'était acquis, dès l'âge de dix ans, la réputation d'un habile chasseur de bisons. Son père, *Jumping-Bull*, alors chef des Sioux, était riche ; il possédait de grandes terres et de nombreux troupeaux. Aussi son fils, *Sacred-Stand*, comme on l'appelait alors, abandonnait-il aux plus pauvres de ses compatriotes le butin de sa chasse. A quatorze ans, il tuait et scalpait son premier ennemi et prenait le nom de *Tatanka-Yotanke*, le « Taureau-Assis, » qu'il garda depuis. Telle était sa popularité et son incontestable bravoure qu'à la mort de Jumping-Bull il fut proclamé chef des Sioux. En lui s'incarnaient les instincts de sa race ; il en avait les croyances superstitieuses, l'attachement au sol natal, la haine pour les envahisseurs. En 1876, il comptait déjà à son actif vingt-trois faits de guerre peints sur ses robes de buffle. Ces dessins, que nous avons sous les yeux, sont des plus curieux. Ils représentent Sitting-Bull scalpant ses ennemis, capturant leurs chevaux, emportant d'assaut deux villages crow. Il ne devait pas s'en tenir là, et quand le gouvernement américain, décidé à passer outre à la résistance des Sioux, donna ordre, en 1876, au général Crook d'entrer en campagne, Sitting-Bull, sommé de se soumettre, répondit : « Viens me prendre. Je t'attends. »

La campagne fut longue, et Sitting-Bull y joua un rôle important. Le général Sheridan dirigeait les troupes américaines. Par ses ordres, trois colonnes, parties du Montana, du Dakota et de la Rivière-Platte, devaient aborder simultanément le territoire des Sioux et y effectuer leur jonction. Emporté par son ardeur, le général Custer, commandant l'une des colonnes, précipita son mouvement et vint se heurter à Sitting-Bull, qui feignit de battre en retraite pour attirer plus avant son adversaire. Pendant plusieurs jours, reculant devant lui, il vint enfin camper dans un défilé dont il fit occuper les hauteurs par une partie de ses *braves*. Laissant dans la nuit ses tentes montées, ses feux allumés et des mannequins d'Indiens postés à l'affût, il se porta, par une marche rapide et silencieuse, sur les derrières de Custer. Au point du jour, ce dernier, prévenu par ses sentinelles que les Indiens étaient encore dans leur camp, prit la tête de sa colonne et s'engagea dans le défilé. Accueilli par un feu plongeant, il voulut reculer ; il était trop tard, Sitting-Bull lui coupait la retraite. Le général Custer tomba mortellement atteint, et son détachement, malgré une résistance désespérée, fut en entier massacré. Un seul homme échappa, Curly, éclaireur crow, qui apporta la nouvelle du désastre. Traqué par des forces supérieures, Sitting-Bull tint encore la campagne pendant plusieurs mois, et quand les Sioux durent mettre bas les armes, il réussit à se réfugier avec quelques-uns des siens sur le territoire du Canada. Sommé par le gouvernement américain d'adhérer au nouveau traité imposé aux Sioux et de rentrer dans sa réserve, il se contenta de répondre : « Le gouvernement a déjà conclu cinquante-deux traités avec les Sioux, et il n'en a pas observé un seul [12]. » Ce ne fut qu'en juillet 1881 que, voyant sa petite troupe réduite, par la faim et les privations, à 45 hommes, 67 femmes et 73 enfants, il se décida à faire sa soumission et à ratifier, contraint et forcé, la cession des Black-Hills ; il stipulait, toutefois, qu'il garderait ses armes. Le territoire indien dans lequel on l'internait, ainsi que 2,829 Sioux faits prisonniers, est, depuis 1889, diminué de moitié. Il ne forme plus un tout compact, mais quatre réserves distinctes : Standing-Rock et Cheyenne-River au nord, Pine-Ridge et Rosebud au sud. Entre elles et autour d'elles, les colons ont défriché le sol et créé des fermes. En échange des terrains pris aux Sioux, le gouvernement s'engageait à leur payer 70 millions de francs et à leur allouer des rations régulières. Il avait compté sans les exactions des agents indiens.

Nous ne voudrions pas être injuste envers un grand pays qui, en maintes circonstances, s'est inspiré des idées d'humanité, qui a beaucoup fait pour prévenir les conflits entre les Indiens et les blancs, pour civiliser les premiers et contenir les seconds. Il personnifie, en Amérique, la colonisation dans sa période ascendante et dans sa phase militante, dans sa lutte avec la nature et avec les obstacles. Comment concilier les devoirs que ce rôle lui impose et ceux que lui crée sa position vis-à-vis des Indiens ? Il s'est approprié leur sol, et, entre les mains de la race blanche, ce sol fructifie et ses produits viennent grossir, pour une part importante, l'actif de l'humanité. Qui pourrait prétendre qu'une restitution, même partielle, même infinitésimale, d'une terre défrichée, labourée, ensemencée, soit désormais possible aux mains de l'Indien ; que la ferme doive disparaître, le colon émigrer, les bâtiments crouler, les landes et la forêt recouvrir les champs conquis ? Et, d'autre part, l'Indien a des droits que l'on ne saurait méconnaître et qui ont trouvé aux États-Unis, dans tous les partis et dans tous les rangs, des avocats éloquents et convaincus. En théorie, le système des réserves a pu paraître humain et de nature à donner satisfaction au colon et à l'Indien ; en pratique, il est injuste, il n'est possible qu'avec le libre assentiment de ce dernier, et cet assentiment qu'il refuse suppose un degré de civilisation qu'il n'a pas. Il est inique avec l'organisation actuelle, avec le recrutement parmi les politiciens d'agents cupides, impatiens de s'enrichir dans le court délai d'une administration présidentielle.

Nous avons noté plus haut ce que disaient, il y a quinze ans, les rapports des inspecteurs. Que disent, aujourd'hui encore, les comités d'enquête, les journaux les plus autorisés, les hommes les plus compétents ? A quelle cause attribuent-ils le soulèvement actuel ? Sur un point, ils sont tous d'accord, et l'unanimité de leur témoignage le rend écrasant. Le général Miles dit en termes identiques ce que le révérend père Stéphan, directeur des missions catholiques indiennes, écrit de son côté, ce que reconnaît le major-général Schofield, ce que les Sioux déclarent dans leur lettre au président de la république : « Père puissant, quand nous avons cédé les Black-Hills, tu as dit, dans le traité, que nous aurions trois livres de bœuf par jour, c'est-à-dire trois livres à chacun. On ne nous les donne pas. Nous mourons de faim et nous te supplions de tenir ta promesse. Pour trente hommes, on nous donne un bœuf, et cela pour dix-huit jours. Si tu ne nous crois pas, envoie quelqu'un ici et aussi de quoi nous rendre près de toi : notre chef et cinq de nous iront et te diront ce qu'il en est. Si tu refuses notre requête, à tout le moins donne-nous un officier pour agent. » Et l'inspecteur chargé de faire une enquête sur les faits déclara « qu'en un seul mois, les rations de bœuf ont été diminuées de deux millions de livres [13]. »

Un autre écrit : « Les rations pour la réserve de Rosebud ont été, cette année, réduites de 1,500,000 livres ; un soulèvement est à craindre. Un missionnaire m'informe que l'exaltation religieuse qu'on signale parmi les Indiens est due, en réalité, à la faim. Est-il vrai que les réductions de rations soient ordonnées par le bureau des affaires indiennes ? On prétend que, prévoyant le retour des démocrates au pouvoir, il entend laisser à la charge de la prochaine administration la demande d'un crédit pour parer au déficit. » Les Sioux, écrit un autre, « savent que le général Crook, leur vainqueur dans la dernière guerre, mais aussi leur ami et leur médiateur après la guerre, est mort. Ils voient le traité inexécuté, leurs rations réduites, et, autour d'eux, les fermiers prospères sur les terres qu'ils ont cédées, alors qu'eux-mêmes souffrent du froid et de la faim sur leurs réserves ; mais ils savent aussi qu'ils tiennent dans leurs mains la vie de milliers de colons, hommes, femmes et enfants. Ils ont des armes et des chevaux ; ils ont les 1,500 carabines Remington que l'astucieux Sitting-Bull a gardées en 1881. Il prévoyait déjà qu'un jour ou l'autre il en aurait l'emploi [14].

Incurie de l'administration, lenteur du congrès à voter les fonds pour le paiement des terres, concussions des agents, conspiraient, avec la misère et le froid, à rendre intenable la situation des Sioux parqués dans les réserves du Dakota. Celle des Indiens des réserves de Sisseton était aussi désespérée. Le rapport des délégués constatait l'épuisement des crédits ; l'une d'elles n'avait de disponible que 2,000 dollars pour pourvoir à la subsistance de 1,200 Indiens pendant six mois d'un hiver qui s'annonçait rigoureux, soit moins d'un sou par tête et par jour. Acculés à une pareille misère, il ne restait aux Indiens qu'à se résigner à mourir de faim, à prendre les armes ou à vendre leurs terres. Ainsi firent les Crows. Le 9 décembre 1890, ils cédaient au gouvernement un tiers de leur réserve, 750,000 hectares, moyennant la somme de 948,000 dollars (4,740,000 fr.). Deux syndicats puissants, ayant à leur tête MM. Snyder et Blair, grands capitalistes, se disputaient à coups de millions le territoire des Cherokees. Le gouvernement en avait offert 35 millions de francs ; MM. Snyder et Blair couvraient son enchère, ce dernier offrant jusqu'à 100 millions.

Mais les Cherokees, ainsi que la plupart des tribus indiennes, refusaient d'aliéner ce qui leur restait de terres, les Sioux surtout, qui n'avaient pas encore touché le prix stipulé pour une partie des leurs. Les chefs sioux n'avaient pu, lors des négociations, obtenir l'assentiment de leurs Indiens qu'en prenant, vis-à-vis des principaux d'entre eux, des engagements que le retard du paiement les mettait hors d'état de tenir. Ils attribuaient ce retard au mauvais vouloir des agents par les mains desquels les sommes dues devaient passer et qu'ils accusaient de s'en attribuer une bonne part. Plutôt que de consentir une nouvelle cession, mieux valait courir la chance des armes et d'un soulèvement général. Ainsi pensait Sitting-Bull, que les Indiens pressaient de se mettre à leur tête ; ils se rappelaient sa victoire sur Custer et ce qu'il avait pu faire avec quelques centaines de guerriers ; lui-même sentait se réveiller ses vieilles haines, et une circonstance singulière, bien propre à agir sur sa nature superstitieuse, emportait ses dernières hésitations.

Section III

Une rumeur, vague d'abord, de l'apparition d'un prophète, circulait parmi les Indiens. Elle se précisait et prenait corps : des Cheyennes, des Black-feet, des Shoshones l'avaient vu, lui avaient parlé. Ce n'était pas un prophète, mais le messie attendu. On désignait sa mère ; elle avait nom Walutawin, « femme rouge, » mariée à Jikpoga, membre de la tribu des Sioux et du campement de Watopki ; elle-même était originaire du Manitoba. Les autorités militaires s'émurent ; cet élément nouveau menaçait de compliquer une situation difficile ; il importait, si possible, d'étouffer ce germe de surexcitation religieuse. Bien qu'elle n'eût commis aucun délit, Walutawin fut arrêtée et dut comparaître devant l'agent de la réserve, Mac Laughlin ; on espérait obtenir d'elle quelque aveu d'imposture, à tout le moins des renseignements sur la retraite de son fils. Elle se présenta avec assurance. A la première question qui lui fut posée : « Qui êtes-vous et quel est votre nom ? » elle répondit sans hésitation : « Je suis la mère de Christ, descendu de nouveau sur cette terre pour la reconstruire. Elle appartiendra désormais à l'Indien, son peuple élu ; elle s'étendra beaucoup plus loin dans l'ouest, recouvrant les grandes eaux du soleil couchant. L'est, avec les blancs qui l'habitent, sera englouti. Sur la terre nouvelle de l'ouest erreront, comme autrefois, de grands troupeaux de bisons ; les Indiens morts ressusciteront et désormais vivront en paix. Nul n'aura le droit de leur dire : « Fais ceci, va là. » Puis, traçant sur le sol une ligne imaginaire, elle fit le geste de la franchir et reprit :

« Alors il n'y aura plus de réserves ; le grand chef des blancs ne dira plus aux Indiens : a Revenez ici, rentrez dans vos enclos. » Et avec l'éloquente mimique de sa race, donnant à ses traits réguliers une expression de douleur et de honte, elle repassa la ligne imaginaire, personnifiant l'insurmontable répugnance de l'Indien condamné à vivre dans des limites imposées. Aux questions qui lui furent faites pour découvrir la retraite de son fils, elle opposa un silence absolu, et son visage, redevenu impassible, ne trahit aucune émotion quand on la ramena dans sa prison.

Loin de calmer le fanatisme des Indiens, cette scène, à laquelle nombre d'entre eux assistaient, ne fit que l'enflammer. Les prophéties se multipliaient ; l'heure approchait, disait-on, et le messie annonçait que les événements prédits s'accompliraient « avant que l'herbe nouvelle eût trois doigts de hauteur, » c'est-à-dire au printemps de 1891. En attendant, les Indiens devaient se préparer, par des danses religieuses, à hâter l'avènement de l'ère promise.

Quel était ce messie ? Ceux-mêmes qui l'avaient vu ne pouvaient le dire. Il n'apparaissait que voilé, nul ne connaissait ses traits. II se montrait tantôt sur un point, tantôt sur un autre, et ses apparitions, presque simultanées dans des localités éloignées, firent supposer qu'il avait des complices. Il éludait toutes les recherches, et les *scouts* les plus habiles ne parvenaient pas à le surprendre. Les scouts, espions ou éclaireurs, recrutés par les Américains parmi les Indiens eux-mêmes, bien payés et bien traités, constituent, en temps de paix, un corps de police ; en temps de guerre, ils servent de guides aux troupes, et, par leur sagacité, déjouent souvent les embûches et les pièges tendus par leurs compatriotes. Eux-mêmes, cette fois, étaient en défaut ; leurs rapports concordaient sur la gravité de la situation, sur les progrès que faisait, parmi les Indiens, la croyance aux prophéties du messie, mais ils ne savaient où le prendre. Les danses prescrites par lui étaient religieusement observées, et ces danses, qui rappelaient par leurs poses extatiques et leurs mouvements vertigineux les danses asiatiques, agissaient puissamment sur l'imagination et les nerfs de ceux qui s'y livraient. Les Indiens se réunissaient de nuit dans les clairières, et, entraînés par le rythme et les chants, formaient de gigantesques rondes, tournoyant pendant des heures, ne s'arrêtant qu'affolés et épuisés.

Chargé d'ouvrir une enquête au sujet de ce prétendu messie, le général M.-A. Miles, commandant en chef la division du Missouri, terminait son rapport par ces mots : « Nul doute pour moi que les Indiens ne soient sincères dans leur croyance au messie ; plusieurs l'ont certainement vu. Des bandes d'Indiens ont quitté leur tribu, se rendant dans l'ouest, vers une localité qui serait, autant que je puis conjecturer, dans le Nevada, et là, ils ont vu un homme voilé, qu'ils disent être le messie, et avec lequel ils se sont entretenus. Je suis porté à croire que ce prétendu messie est personnifié par différents individus, car les Cheyennes affirment qu'il leur a parlé dans leur langue, les Sioux dans la leur et les délégués des autres tribus font les mêmes déclarations. A tous il a fait des prédictions identiques, à savoir que le jour approchait où l'on ne ferait plus usage d'armes à feu. Les Indiens morts ressusciteraient, les bisons reviendraient, la race rouge habiterait l'ouest, l'est replié engloutirait les blancs. Parmi les sectateurs du messie, le plus ardent et le plus dangereux est Sitting-Bull, qui, à un plus haut degré qu'aucun autre chef, représente la race indienne [15]. »

Des renseignements ultérieurs ont, depuis, précisé le rôle de ce messie, représenté, au début, comme un fanatique, appelant les Indiens aux armes et prêchant un soulèvement général. C'était un membre de la tribu des Pah-Utes, habitant près du lac Walker, un rêveur contemplatif et pacifique, dont la misère et les souffrances des siens avaient troublé l'esprit. Profondément imbu de sentiments religieux, comme la plupart des Indiens, qui, par ce trait encore, attestent leur origine asiatique, il attribuait les maux de ses compatriotes à la colère du Grand-Esprit. Doux par nature, il prêtait à son Dieu sa propre douceur. Il le croyait irrité contre les Indiens parce qu'ils étaient toujours en guerre entre eux et avec les blancs ; il prêchait la paix, la résignation, et aussi l'attente prochaine de jours meilleurs. Le Grand-Esprit les lui avait annoncés ; il dépendait des Indiens d'en hâter l'accomplissement, en s'abstenant d'actes de violence, en priant ardemment. Au nombre de leurs habituelles cérémonies religieuses figuraient les danses sacrées. Il invitait ses auditeurs à les multiplier et, par leurs sollicitations, à fléchir la colère divine. Il n'est pas douteux que les délégués des Cheyennes, des Sioux, des Arapahoes, des Utes, des Navajoes, des Bannocks, successivement envoyés par leurs tribus auprès du messie, n'aient, ou comme ceux des Sioux, complètement dénaturé le sens de ses exhortations, ou, comme ceux des Cheyennes, laissé planer une certaine ambiguïté sur ses paroles. Une doctrine qui invitait à la résignation, à la patience, à la paix, n'était pas, dans les circonstances présentes, pour rallier des adhérents. On s'en tint donc aux prédictions faites, à leur réalisation prochaine ; elles répondaient mieux aux impatientes espérances des Indiens et aux désirs des chefs.

Par une singulière coïncidence, ces prophéties du messie indien cadraient exactement avec celles des mormons. Elles aussi annonçaient de grands événemens pour les mêmes temps. Dès 1832, Joseph Smith avait prédit l'apparition d'un messie en Amérique, lequel, comme Moïse, devait relever son peuple et le guider hors de la terre d'Egypte [16]. La date même de sa venue était indiquée dans la section 130 des prophéties de Joseph Smith, aux versets 14 et 15, en ces termes : « Et je priais le Seigneur avec ardeur, lui demandant quand viendrait ce Fils de l'homme, et une voix me répondit : — Joseph, mon fils, si tu vis jusqu'à quatre-vingt-cinq ans, tu verras de tes yeux le Fils de l'homme. Que cette réponse te suffise et ne m'interroge plus à ce sujet. » Né le 23 décembre 1805, Joseph Smith, s'il n'eût été assassiné le 27 juin 1844, aurait eu quatre-vingt-cinq ans le 23 décembre 1890.

Ainsi que les Indiens, les mormons s'attendent à d'importants événements en 1891. Dans l'assemblée annuelle des *elders*, ou anciens, tenue le 4 octobre 1889 à Salt-Lake-City, le président Woodruff et les anciens B.-H. Roberts, Morgan et Thatcher ont successivement pris la parole pour rappeler les promesses faites et inviter les chefs mormons à redoubler de ferveur et de zèle pour mériter les grâces prochaines.

Y a-t-il là autre chose qu'une coïncidence accidentelle ? On peut l'admettre. Les liens entre les mormons et les Indiens sont étroits ; entre l'Utah et les Réserves les rapports sont fréquents ; l'Indien et le mormon ont mêmes griefs et même haines. L'un et l'autre se tiennent pour dépossédés ; le mormon de ses terres du Missouri, l'Indien de ses territoires de l'ouest. Dès le début de leur exode dans l'Utah, les mormons se sont appliqués à se concilier les Indiens, dont l'hostilité leur eût été fatale et qui, plus nombreux alors qu'aujourd'hui, s'interposaient entre eux et leurs persécuteurs. Répudiant le nom d'Américains pour ne garder que celui de mormons, ils firent alliance avec les tribus, se servant d'elles pour écarter de l'Utah et rejeter dans le sud, par la crainte du pillage, les convois d'émigrants en marche vers l'ouest. Les Américains accusent les mormons d'avoir eu recours aux Indiens pour commettre des meurtres dont ils déclinaient la responsabilité, aidant les coupables à se dérober aux poursuites.

L'entente datait de 1846. A cette époque, les mormons en route pour l'Utah, avertis que leur temple de Nauvoo, dans l'est, avait été livré au pillage, et que leurs frères du Missouri, chassés de leurs terres, venaient les rejoindre, sans vivres et sans provisions, s'arrêtèrent à Kanesville, dans les plaines, pour les attendre. Ils y seraient morts de faim et de froid s'ils n'avaient trouvé un accueil hospitalier chez les Pottawatamies et les Omahas, ennemis des Américains et qui voyaient dans ces fugitifs des frères d'infortune [17]. N'était-ce pas là d'ailleurs le commencement de réalisation des prophéties mormones : « Les Lamanites, c'est-à-dire les Indiens, aideront à bâtir le temple sur lequel reposera la gloire de Jéhovah ; » et ces prophéties n'ajoutaient-elles pas : « La race indienne est race d'Israël, comme telle elle est rachetée ; elle sera la hache de combat de l'Éternel. »

Que les Indiens aient emprunté aux mormons leur croyance dans la venue d'un nouveau messie, cela est d'autant plus vraisemblable qu'ainsi que toutes les races opprimées ils ont, de longue date, et bien avant le schisme mormon, mis leur suprême espoir dans l'apparition d'un vengeur. Les prophéties des mormons confirmaient donc leurs propres traditions ; elles assignaient à leur attente une date prochaine. Que les mormons aient encouragé la crédulité des Indiens, cela aussi est vraisemblable, étant donnée leur foi aux prédictions de Joseph Smith. Qu'en cette circonstance ils aient, comme on les accuse de l'avoir déjà fait, poussé les Indiens à se révolter et spéculé sur leurs souffrances et leur fanatisme, rien ne le prouve. Les chefs mormons sont trop intelligents pour avoir cru que quelques milliers d'Indiens pourraient opposer une résistance sérieuse aux troupes fédérales et retarder la colonisation du Far-West.

Là, en effet, n'était pas le danger. Il était purement local, limité au voisinage même des stations, à ces villes nouvelles, à ces fermes, à ces camps de mineurs, à ce coin de civilisation récente qui pouvait disparaître demain, quitte à renaître de ses cendres. Il était dans l'effet moral, dans la constatation d'impuissance à résoudre la question indienne, dans les représailles qui suivraient la révolte et qui paraîtraient d'autant plus cruelles que la lutte serait plus inégale. Il était surtout dans les légitimes griefs des Indiens, dans l'impossibilité de concilier les exigences des colons et les droits des premiers occupants du sol. Ces considérations d'ordre moral, d'humanité, de justice, pèsent d'un grand poids sur les résolutions du gouvernement et sur l'opinion publique. Pas un journal qui ne s'en fasse l'écho, pas un publiciste important qui ne s'en fasse l'avocat. Si le gouvernement masse des troupes autour des Réserves et de la ville de Mandan menacée, il multiplie aussi les enquêtes, et les Indiens n'ont peut-être pas d'amis plus sincères que ces officiers de l'armée prêts à entrer en lutte avec eux, tout en maudissant les fautes commises qui rendent la lutte inévitable.

Ils n'étaient pas seuls, d'ailleurs, à s'entremettre. Une femme, Mrs C. Waldon, sollicitait de la Société de protection des Indiens la mission de se rendre auprès de Sitting-Bull, le chef des Sioux, et de l'amener à user de son influence pour prévenir la guerre. Elle mettait au service de la Société et de son œuvre un dévouement sincère et une grande fortune. Pendant plusieurs mois, malgré les dangers qu'elle courait, elle vécut au milieu des Sioux, et la lettre qu'elle écrivait, quelques jours avant les événements qui devaient amener la mort du vieux chef, prouve l'énergie de ses efforts. « Dans la dernière entrevue que j'eus avec Sitting-Bull, dit-elle à la date du 10 novembre 1890, je le pressai ardemment de pacifier les Sioux. Il haussa les épaules et me répondit : « Que puis-je faire ? Les agents nous traitent trop mal. Pour moi, je suis trop vieux maintenant, lassé de tout ce que je vois ; quoi qu'il arrive, je préfère mourir. » Les Sioux, ajoute-t-elle, sont exaspérés, on ne leur paie pas leurs terres, on ne leur donne pas leurs rations, on n'a même pas encore tenu la promesse faite, en 1875, d'une indemnité pour les 7,000 chevaux qu'on leur a confisqués. » Elle insiste surtout sur ce fait que les Indiens dont on a le plus réduit les rations sont les Uncapapas, le clan familial du chef des Sioux, et elle accuse hautement M. Laughlin, agent de la Réserve de Standing-Rock, d'avoir ainsi voulu se venger de Sitting-Bull et le pousser aux extrémités.

Il y était résigné, plus encore que résolu. Avec ses forces, il sentait décroître son prestige, et il devait compter, dans sa tribu même, avec un élément nouveau, un produit hybride, résultat du contact des deux races : les *Indian Bucks*. On désigne ainsi de jeunes Indiens, nés sur les Réserves, répugnant à la vie sédentaire et au travail des champs, accoutumés à vivre des rations allouées à la tribu, habiles à éluder une surveillance difficile à exercer sur d'aussi vastes espaces. Experts dans les ruses indiennes, ils franchissent en petites bandes les limites des réserves, fondent à l'improviste sur les fermes isolées qu'ils pillent, enlevant les chevaux et le bétail. Leurs compatriotes n'ont garde de les dénoncer ; ils les tiennent pour des *braves* et vantent leurs exploits. Les *Bucks* aiment la parure, comme tous les Indiens ; ils affectent des allures nonchalantes pour déjouer les soupçons ; ils critiquent l'inertie des chefs et représentent l'élément actif de la tribu. Au contact de certains blancs, et surtout des rôdeurs de prairies, ils ont pris le goût de l'eau-de-vie, du jeu, des orgies, du vol, le mépris de la vie humaine ; ils n'ont gardé de l'Indien que ses vices, sur lesquels ils ont greffé ceux des blancs. S'ils ne forment pas la majorité, ils ne laissent pas d'avoir leur part d'influence et sont toujours prêts à se rallier autour de celui des chefs qui leur donnera, le premier, le signal de la révolte et du pillage.

Puis des idées nouvelles s'infiltrent dans ce monde indien ; des récits étranges, merveilleux, viennent troubler ces imaginations mobiles. Les échos de l'Europe se répercutent jusque dans ces régions lointaines, et ce n'est pas l'un des laits les moins curieux à noter que l'impression produite sur les Sioux par notre Exposition du centenaire, et aussi de voir mêlés aux événements qui s'accomplissent les noms de Buffalo-Bill et de ses compagnons.

Le 13 novembre 1890, le vapeur *Belgenland* ramenait à Philadelphie 39 Sioux, de la tribu des Ogallala, revenant d'Europe, où ils avaient passé deux années. Tout Paris a pu les voir aux représentations données, pendant l'Exposition, par le *Salsbury wild West show*, dirigé par Buffalo-Bill, de son vrai nom Cody. A peine débarqués, ils rejoignaient les Sioux dans le nord Dakota, et Buffalo-Bill envoyait au *New-York Herald*, de Mandan, la ville la plus menacée au cas d'une prise d'armes indienne, un télégramme daté du 1er décembre 1890, dans lequel il donnait son avis sur la situation. « En réponse à la dépêche, disait-il, par laquelle vous me demandez ce que je pense de la ferveur religieuse actuelle des Indiens, je vous dirai que je viens de passer quelques jours parmi les Sioux de Sitting-Bull. Quand je suis parti hier, ils se livraient avec ardeur, hommes, femmes et enfants, à leurs danses sacrées. Ils danseraient, disaient-ils, tout l'hiver, ou mourraient, — ce dont ils n'avaient souci, assurés de renaître au printemps et de traverser ainsi, sans souffrance, une période de faim et de froid. Ici, Sitting-Bull est le chef et l'inspirateur de la révolte. La situation est des plus graves. Si nous étions au printemps, la lutte serait déjà engagée. Les Sioux sont bien montés, bien armés, et des milliers de vies sont en danger. Les troupes arrivent ; le général Miles les commande, et nul mieux que lui n'est à la hauteur de sa tâche. Les Indiens attendent le messie. L'hiver commence et s'annonce rigoureux [18]. »

Peu après, Buffalo-Bill recevait ordre du général Miles de procéder lui-même à l'arrestation de Sitting-Bull ; mais, soit que le concours des Sioux qu'il ramenait parût douteux, soit que son intervention ait semblé compromettante, une dépêche du président intervint, annulant l'ordre du général Miles, et Buffalo-Bill, alors à vingt milles de distance du campement indien, dut suspendre sa marche. L'arrestation de Sitting-Bull fut confiée à la police indienne, aux scouts.

Nous avons dit ce qu'ils sont. Leurs rapports ne laissaient aucun doute sur les résolutions du vieux chef. Il se préparait à lever son camp et à se mettre en marche avec ses Indiens, pour rejoindre dans les *Bad-Lands* une autre tribu sioux qui lui amenait des renforts. Son parti était pris ; il ne se faisait pas d'illusions sur l'issue d'une lutte, si elle s'engageait, mais il en gardait encore sur la possibilité de gagner le nord-ouest et d'y attendre les temps prédits par le messie. Dans quelle mesure partageait-il aussi la croyance des siens, qu'il n'avait rien à redouter des balles des blancs et que le Grand-Esprit des Indiens le protégeait contre elles ? Son existence aventureuse, la façon presque miraculeuse, dont il était sorti sain et sauf des plus grands périls, avaient impressionné son esprit superstitieux ; aussi lorsque, le 15 décembre, on lui signala l'approche des scouts, il ne témoigna aucune émotion. Ils arrivaient, suivis à distance de deux escadrons de cavalerie et d'un bataillon d'infanterie, commandés par le colonel Drum.

Les Sioux, armés de carabines Winchester et de revolvers, démontaient leurs tentes et se préparaient au départ. A la vue des scouts, pour lesquels ils professent une haine d'autant plus vive qu'ils sont leurs compatriotes, et, à leurs yeux, des traîtres, ils se groupèrent autour de leur chef, et, sans ordre, firent feu. Leur première décharge abattit les scouts d'avant-garde, les autres ripostèrent, pendant que l'un d'eux, s'emparant d'un cheval indien, courait hâter la marche des troupes dont l'arrivée fut le signal d'une mêlée générale. Amenée en ligne, l'artillerie ouvrit le feu sur les Sioux, mais ils tinrent pied pendant qu'une bande de guerriers entourait Sitting-Bull, cherchant à l'entraîner. Cerné par les troupes, il fut fait prisonnier, ce que voyant, les Sioux reprirent l'offensive pour dégager leur chef, que deux balles jetaient bas : l'une lui brisait l'épaule, l'autre lui traversait le cœur. A ses côtés tombaient son fils Black-Bird et ses meilleurs soldats.

La mort de Sitting-Bull mit fin au combat. Pendant qu'une poignée d'Indiens se faisaient tuer pour disputer aux Américains le corps du chef, les autres, bien montés, s'enfonçaient dans l'ouest sous la conduite de Big-Foot, chef d'une des tribus, sans que l'on tentât de les poursuivre. Ce ne fut que le lendemain qu'on lança derrière eux de la cavalerie, mais ordre était déjà transmis par le télégraphe aux détachements échelonnés de barrer le passage aux Indiens et de les refouler sur les Réserves. Le général Miles avait habilement pris ses mesures et il était en droit d'espérer que ce court et sanglant combat terminerait les hostilités.

L'exode des Sioux allait donc se heurter à des forces imposantes, commandées par le général Forsyth, qui, du nord et du sud, convergeaient pour les envelopper. Les Sioux ne pouvaient les gagner de vitesse, leur marche étant ralentie par cinquante et un wagons qu'ils emmenaient avec eux, par les femmes et les enfants qui les accompagnaient. Les scouts, lancés en éclaireurs, n'eurent pas de peine à suivre leur trace, et, le 21 décembre, arrivés à Cherry-Creek, les Indiens trouvèrent en face d'eux une division d'infanterie soutenue par une batterie de mitrailleuses et le 8e régiment de cavalerie déployé sur leurs flancs. Le passage était impossible ; ils capitulèrent sans rien stipuler d'autre que des rations de vivres.

Ordre fut donné de procéder au désarmement. Entourés par les troupes, dominés par le feu plongeant de l'artillerie mise en ligne sur les hauteurs, les Sioux s'assirent en cercle, déposant leurs carabines devant eux. Mais quand, les rangs des soldats s'ouvrant, ils virent de nouveau apparaître les scouts, chargés de recevoir leurs armes, un murmure prolongé se fit entendre. Leur haine contre ceux qu'ils considéraient comme traîtres à leur race et assassins de leur chef se réveillait. Dans un irrésistible élan de colère, ils reprirent leurs fusils. Les premiers scouts furent tués, ceux qui suivaient se jetèrent à plat ventre pour permettre aux troupes de tirer par-dessus eux. Tout coup portait dans cette masse profonde d'hommes, de femmes et d'enfants, mais telle était l'exaspération des Sioux qu'ils se ruaient sur les soldats, cherchant à se frayer une issue. Sous leur effort la ligne pliait ; le général Forsyth donna l'ordre aux mitrailleuses d'ouvrir leur feu. Pendant plus d'une heure, les Indiens luttèrent en désespérés dans ce cercle de feu. Ils se firent tuer jusqu'au dernier, hommes et femmes, six enfants survécurent à ce combat, qui ne coûta que 75 hommes aux troupes régulières, mais qui anéantit l'élite des Sioux. Ce n'était ni ce qu'avait voulu le général Miles, ni ce que désiraient le président et son cabinet. Les uns et les autres aspiraient à une solution pacifique. Si la répression s'imposait, les idées de justice et d'humanité dominaient ; la mort de Sitting-Bull était regrettable, plus regrettable encore le massacre de Cherry-Creek, et l'on redoutait le retentissement qu'il aurait parmi les Indiens ralliés, qui non-seulement avaient refusé de faire cause commune avec les Sioux, mais avaient envoyé auprès d'eux des délégués pour les amener à conclure la paix. Quand la nouvelle en parvint aux *Indiens amis*, comme on les désigne, campés autour des agences, presque tous s'éloignèrent en silence, se hâtant de rejoindre leurs tribus ; d'autres, en plus petit nombre, se peignirent le visage en signe d'hostilité, et, s'éparpillant en tirailleurs autour des agences, essayèrent de les incendier. Elles étaient bien gardées, et ces tentatives n'aboutirent qu'à coûter la vie à quelques scouts et à quelques Indiens.

Quand on apprit ces événements à Washington, l'émotion fut profonde. Les détails qui suivirent : le massacre général des Sioux, le feu des mitrailleuses ouvert sur des femmes et des enfants, révoltaient l'opinion publique. Le président ordonna une enquête, et, usant de ses pouvoirs, suspendit de ses fonctions actives le général Forsyth, appelé à Washington pour y rendre compte de ses actes. Mais on ne pouvait suspendre les opérations militaires, ni compter sur des mesures disciplinaires pour désarmer les Indiens révoltés, pour ramener les Indiens amis. Il importait d'en finir avec les Sioux, dont 4,000 tenaient encore la campagne. Ce n'était plus qu'une bande d'affamés, sans chef et sans cohésion, mais qui pouvait se recruter de tous les mécontents. Il était facile de les écraser, il était politique et humain de les épargner. Le général Miles le comprit : anxieux d'éviter l'effusion du sang, manœuvrant avec habileté, évitant les rencontres partielles, resserrant peu à peu les Sioux dans un cercle de canons et de baïonnettes, il les contraignait, le 16 janvier 1891, à mettre bas les armes.

Cette campagne, heureusement menée, paralysait tout mouvement général. Des insurrections partielles peuvent encore éclater, d'autres tribus indiennes peuvent encore se soulever, mais les coups portés aux Sioux sont de ceux dont les Sioux ne se relèveront pas. Leur race semble appelée à disparaître ; le contact avec la civilisation achèvera l'œuvre des armes de la civilisation. Inhabile à s'adapter à un mode d'existence nouveau, de nomade à devenir sédentaire, l'Indien n'a plus de place sur ce continent qui fut sien. Là où il dressait ses tentes s'élèvent de grandes cités ; ses terrains de chasse sont convertis en fermes et en vergers ; sa forêt est défrichée et les bisons ont disparu. Sur les eaux des grands fleuves, les steamers américains, villes flottantes, remplacent les pirogues indiennes ; ils sillonnent les grands lacs, et, sur la rive où erraient les Mohicans, Chicago, aujourd'hui peuplée de plus de 500,000 habitants, convie le monde entier à une exposition universelle.

La civilisation a vaincu, et le continent américain lui appartient. Que reste-t-il à l'Indien ? Le vague espoir, bientôt déçu, d'une ère nouvelle, d'un retour à un passé qui ne renaîtra pas. Ses soulèvements, ses prises d'armes, sont les convulsions d'une race à l'agonie, les derniers soubresauts d'un moribond. La force en a eu raison, la force a eu son heure ; la justice et l'humanité attendent encore la leur. Aux États-Unis, bien des voix s'élèvent pour la réclamer, et parmi les plus éloquentes, les plus émues, se font entendre celles des officiers qui, dans ces luttes obscures, ont maintes fois exposé leur vie. A la Maison-Blanche comme au congrès, dans les villes comme dans les camps, on répugne aux mesures de rigueur, et un grand courant de pitié balaie les dernières colères avec les dernières craintes.

Est-il trop tard pour sauver quelques débris de cette race ? Si peu nombreux que soient les Indiens gagnés à la vie sédentaire de l'agriculteur, pourraient-ils, étant donnée la vitalité puissante dont ce peuple a fait preuve, se maintenir et s'accroître, et, parmi les nationalités multiples qui habitent le Nouveau-Monde, occuper, eux aussi, une place sur leur sol natal ? Ou bien doit-on se résigner à voir, en Amérique comme en Océanie, la race indigène fondre au contact de cette civilisation dont nous sommes fiers, dont nous exaltons l'humanité, et dont les faibles, trop souvent, n'ont senti que la force ?

Notes

1.   Report of congressional proceedings, décembre 1890.

2.   Peaux-Rouges et Visages pâles. Voyez la Revue du 15 juin 1889.

3.   Reports supreme court. Indian treaties statutes at large, vol. VI.

4.   Discussion of the Oregon question. Reports of 29 th. Congress, and appendix.

5.   Reports on Califomia agencies, 1859-1860.

6.   Mission Indians, par Mrs Hunt-Jackson. Century, vol. XXVI.

7.   Report of committee of Indian frauds, 1872-73.

8.   J.-P. Dunn, Massacres of the Mountains. Harper brothers, New-York.

9.   Report of lieutenant Price. Papers and evidence from war department, 1880.

10.   Indian titles to land. Commentaries on American law, vol. III.

11.   Rapport des délégués chargés de traiter de l'acquisition des Black-Hills. Documents exécutifs, 1875-76, vol. IV.

12.	Rapport du comité chargé de négocier avec Sitting-Bull. Documents exécutifs, 1877-78, vol. VIII.

13.	Evidence before committee of Indian affairs and Indian frauds

14.	New-York Herald, 24 décembre 1890. »

15.	New-York Herald, 12 novembre 1890.

16.	Times and Seasons ; Liverpool, 27 novembre 1832.

17.	Jules Rémy, Voyage au pays des mormons, t. I, p. 368 ; Hachette et Cie.

18.	New-York Herald, 3 décembre 1890.

ISBN : 978-1981472710

www.ingramcontent.com/pod-product-compliance
Lightning Source LLC
Chambersburg PA
CBHW070752260726
48660CB00007B/3088